DIBUJAR
ESPACIOS

Leonardo Campbell Moronta

Los silencios de mi alma

© 2022 **Europa Ediciones** | Madrid

www.grupoeditorialeuropa.es

ISBN   9791220122306

I edición: Diciembre del 2022

Depósito legal: M-11294-2022

Distribuidor para las librerías: **CAL Málaga S.L.**

Impreso para Italia por *Rotomail Italia S.p.A. - Vignate (MI)*

Stampato in Italia presso *Rotomail Italia S.p.A. - Vignate (MI)*

Los silencios de mi alma

A mi madre,

Aquí dejo tatuada la promesa que te hice en ese frío

y sombrío cementerio.

A mi tía,

Por creer en mí cuando nadie lo hizo.

*A todos los que nunca me soltaron la mano y me de-
jaron caer.*

Ellos saben quiénes son.

«Quien se regala un libro se obsequia un camino inesperado».

Daniel Habif

Prefacio

Las quince poesías que forman parte de esta colección abarcan varias temáticas: del amor a la nostalgia, del silencio de la soledad al ruido de la amistad, hasta llegar al agradecimiento. El autor invita al lector a participar en un viaje profundo e introspectivo, fruto de la voluntad de expresar emociones vividas a lo largo de su vida.

Al igual que en la vida cotidiana, los sentimientos presentados en "Los silencios de mi alma" evolucionan a medida que pasa el tiempo, porque es distinta la manera en que los acogemos: crecemos, aprendemos de nuestros errores, empezamos a ver las cosas de forma diferente y con mayor conciencia.

La soledad es una de las "paradas" más presentes en este viaje de los sentimientos: soledad debida a la nostalgia de tiempos pasados, soledad por la distancia de lugares y personas amadas. Al principio, el autor describe esta sensación como algo que le acompaña a lo largo de sus días – casi como si fuera su sombra – y que además lo entristece. Pero con el paso del tiempo asistimos a una evolución: asumido que la soledad siempre será presente en él – y, en un sentido más amplio, en cada uno de nosotros – el autor decide verla como una amiga, y ya no como enemiga. Como tal, podemos refugiarnos en sus brazos, sentarnos en aquel rincón que antes nos daba mucho miedo, que nos aislaba del mundo y casi nos tragaba, para ver la vida desde otra perspectiva. Porque, como subraya el mismo Campbell Moronta, "el tiempo lo cura todo".

Porque la soledad
Dejó de ser hace mucho tiempo
Mi enemiga
Para convertirse en mi mejor amiga.

[...]

Y al final
Me di cuenta
Desde ese mismo rincón
Que la soledad es un buen lugar para visitar,
Pero no para quedarse a vivir.

(En el rincón de mi soledad)

A lo largo de todo el proceso de escritura, el autor confiesa dejarse llevar por algún tipo de improvisación. En realidad, él mismo aclara que sigue un compás más bien definido, como si su "pluma" fuese guiada por una melodía, a la que se le puede dar cualquier tipo de interpretación según la sensibilidad del lector mismo, sus experiencias de vida o simplemente la clave de lectura que se desea adoptar.

Hoy te compongo
en mi pentagrama
y con cada nota
vuela mi pluma
siendo un bálsamo
para el alma y el corazón.

(La escritura: una sinfonía perfecta)

Nuestro viaje se concluye con los versos de "Los silencios de mi alma", con los que finalmente se deshacen todos los nudos de este hilo rojo que acompañará al lector desde la primera hasta la penúltima poesía. Y ojalá, como en cada viaje que se respete, podamos volver a casa enriquecidos y con el corazón más ligero...

MI HEROÍNA DE BATA BLANCA

Navegan por estos renglones
La añoranza y la melancolía
De un niño
Que nunca te ha olvidado.

Si supiera que iba a perderte
Jamás te hubiera dejado ir.

Si supiera la falta que me haces
Te daría un abrazo
De esos que te quiebran el alma
Para curarte, para curarnos.

Si supieras que te evoco en silencio
Me dirías que en ese silencio se ganan
Las grandes batallas.

Si supieras cuando me enamoré por primera vez,
Di mi primer beso,
Tuve mi primer amor,
Hice el amor temblando como una hoja
en primavera,

Me dirías que siempre estuviste conmigo,
Guiándome en cada momento,
En cada paso al caminar.

Si supieras cuanto te extraño
Me dirías siempre he estado a tu lado.

Si supieras qué solo me he sentido

Me dirías que la soledad es un buen lugar
Para visitar.

Si supieras que mi principal batalla
Es con mi pluma
Me dirías yo solo soy un instrumento
Para que tú hagas lo que amas
Para que uses el don que se te ha otorgado.

Si supieras mi heroína de bata blanca
Que has salvado a tantas personas
Me dirías que el único acto de heroísmo
Fue haberme salvado a mí.

Si supieras cuántas veces mi alma
Ha reposado en la tuya,
Clamando por una palabra,
Una frase de aliento,
Un te quiero,
Me dirías
He sido el ángel que mandaron a cuidarte.

Si supieras cuánto miedo he tenido
Me dirías que siempre me enseñaste
Que es preferible
Vivir como un héroe
Que morir como un cobarde.

Si supieras que las heridas del alma
Nunca sanan
Me dirías
Que el tiempo lo cura todo.

Porque la vida está llena de malos actores,

Pero el único protagonista de tu destino
Eres tú mismo.

Por eso si supiera que nunca más volvería a verte
Enjugaría una lágrima,
Me secarías la mejilla,
Te daría un beso en la frente,
Clavaría mi mirada en la tuya,
Perdiéndonos en ese universo que ambos sabemos,
Y te diría
¡Gracias mamá!

AMOR EN LA DISTANCIA

Te he buscado en la aurora
Que nació en el horizonte
Y vi el reflejo de tu alma tatuado en la distancia.

Me enamoré de tu belleza
Y del clarín de tus labios
Me enamoré de tu sonrisa
Y de tu sensibilidad a prisa

Eres el gemido del viento,
Un ocaso interminable
Un orgasmo en la madrugada que guarnece una pasión
desenfrenada
Eres música y sinfonía, arte y delicadeza.

Eres la inspiración de este poeta perdido
Y romántico empedernido
Que trata de inmortalizarte en sus líneas.
A pulmón.

Eres mi corazón, mi respiración y sentimientos

Un amor en la distancia
Porque en el olvido
Te hubiera perdido
Y nunca te hubiera conocido.

MI COLOMBIANA

Llevo noches soñándote,
Noches de insomnio en las que no puedo dormir
Y mi alma se pregunta por qué.
Hoy mi dulce afrodita frente a la playa he decidido tatuarte con mi pluma en estas páginas.
Mi corazón late muy fuerte.
Y cada latido anuncia el presagio de un amor verdadero.
Eres la sensualidad y la belleza disfrazada de mujer, la pintora de mis sentimientos y la escritora de todos mis cuentos.
Tu esbelta figura y tu silueta inspiraron a Da Vinci en la creación de la Mona Lisa.
Y tus labios insaciables de placer, reposaban en los míos provocando con su dulce esencia que me durmiera en los tuyos.
Hoy te extraño.
La distancia se apodera de mí y encrudece el frío de mi piel.
Pero mi alma sabe que tu alma siempre estará conmigo.
Mi colombiana, no pretendo con mis líneas de poeta que heredé de la prosa de Martí, que creas en estos versos.
Solo quiero acompañarte en el destino, caminar de tu mano en el camino hacia lo eterno.
Porque hoy he descubierto que el amor se disfraza del aroma del café y de una ruana en la mochila.

REENCUENTRO

Hoy me he sumergido
en la hostil madrugada.
Y con el llanto y el aullido de la luna
me he inspirado a escribir estos versos.

Versos que nacen de una profunda desolación
y de lo más recóndito de todo mi ser.

Tonto fui porque pensé que te había perdido
por haber escuchado ruido donde había silencio, haber
visto luz donde había oscuridad,
sentido amor donde había soledad.

Bendita distancia que hoy nos ha unido,
bendito hilo rojo que mira que se tensó, pero nunca llegó
a quebrarse, bendito horizonte por trazar entre su mirada
la cuerda que siempre aguantó nuestro amor, bendito mar
con la lírica de sus olas por vomitar lo que no servía y
traer de vuelta lo que tanto nos hizo feliz.

Por eso esta noche,
Mi querida princesa de cuentos de hadas,
He evocado mis pensamientos
más íntimos y primitivos
por aquellos momentos que
me embriagué de tu pasión y de tu amor desenfrenado.

Todos estos años lo he buscado.
Pero nunca lo he encontrado.
Hasta que miré tus ojos.
Y mi alma reposó en la tuya.

Perdona que mi pluma tiemble
y que salgan líneas imperfectas,
pero tú me enseñaste que la imperfección
es la reina de la perfección.

No concibo un mundo sin esa belleza imperfecta, sin esa
esencia artística
en la que DIOS se inspiró en la creación del cosmos.

Porque al final
te das cuenta
que cuando das todo
te sobra
y no eres esclavo de ningún vacío.

LA ESCRITURA: UNA SINFONÍA PERFECTA

Hoy te compongo
en mi pentagrama
y con cada nota
vuela mi pluma
siendo un bálsamo
para el alma y el corazón.

¿Cuánta melodía hay
en el pincel de Da Vinci dibujando a la Mona Lisa
O en la quinta sinfonía de Beethoven,
En la excelente prosa de Márquez,
En los versos de Neruda,
En la lírica de Bocelli
O quizás en la magia de Copperfield?

¿Cuánta melodía tiene una primavera,
Un invierno bajo el calor de la chimenea
Una noche bajo la luna llena
O un atardecer bajo la luz de las velas?

¿Cuánta melodía tiene el travieso mar
Y la lírica de sus olas
Golpeando vehemente la tierna arena
Que un día vomitó de sus entrañas?

¿Cuánta melodía tiene la muerte
En la profunda espera,
En ese fuego que arde dentro de ti
Que te lleva y te guía al camino de lo eterno?

¿Cuánta melodía tiene la vida

Que te trata de usted
Otras tantas don nadie
A veces valiente
Y otras muchas cobarde?
Pero así es la vida tan llena de arte.

Porque la escritura, al igual que la música,
Son la sinfonía nunca antes mejor compuesta.
Se tocan,
Y sobre todo, se componen, de oído,
Aunque mires de reojo la partitura.

¡Y es que esa melodía
La que llevo años escuchando
La que dibuja una sonrisa en mi rostro
Y se esconde detrás de mis mejores sueños
Sonará eternamente en mi memoria
Hasta el día en que me muera!

EN EL RINCÓN DE MI SOLEDAD

Salían los primeros rayos de luz
Y se colaban por mi ventana
Despertando el letargo de unos versos
En el rincón de mi soledad.

Allí escuchaba todos los días el vuelo de un pájaro de re-
greso a casa
Y el ruido de los coches no me molestaba,
Al contrario, ya estaba acostumbrado,
Ambos eran como el cortante silbido del viento
En una hostil madrugada.

Las hojas de otoño
Escondían los temores
De una infancia difícil
Y en el verano en la playa
Con la lírica de las olas
Florecían los grandes amores.

La lluvia de primavera caía endiablada sobre los tejados,
Y los gatos risueños
Contemplaban la luna llena
De media sonrisa.

El invierno cada vez era más frío,
La nieve colmaba la copa de los árboles,
El calor de la chimenea
Provocaba un fuego interior infinito,
Mientras que dos almas gemelas
Jugaban a desvestirse a destiempo,
Bajo la lujuria de las sábanas blancas.

Porque la soledad
Dejó de ser hace mucho tiempo
Mi enemiga
Para convertirse en mi mejor amiga.

Ese es uno de sus idiomas,
Un silencio que te atrapa en la melancolía
Y la añoranza
Surtiéndote de instrumentos
Para ganar la batalla de lo eterno.

El amor pasaba a ser para mí
Un número,
De cualquier año,
Pero eran de esos amores bonitos
Que son náufragos eternos del tiempo.

Navegando
Entre cada renglón en blanco,
Pregonando el comienzo
De un nuevo amanecer.

Y al final
Me di cuenta
Desde ese mismo rincón
Que la soledad es un buen lugar para visitar,
Pero no para quedarse a vivir.

MUSA DIVINA

Te he escuchado en el universo
Cuando explotaste
Y nació de tus entrañas
La tierra.

Te he escuchado
Donde el mundo
Comienza a despertarse
Cada día.

Te he escuchado
En el canto de un ruiseñor,
En la aurora de un nuevo amanecer,
En el libro de la vida.

Te he escuchado
En las manos de un alfarero y un artesano creando su
obra,
En cada paso que doy,
En la artística figura de una mujer.

Te he escuchado en la voz de Pavarotti
En las manos de Pablo López fundidas en el piano,
En el pincel de Da Vinci,
En la sinfonía de Mozart,
En la prosa de Márquez,
En los versos de Neruda.

Te he escuchado en la respiración del Amazonas.
En las cataratas del Niágara,
En cada ola entregándose a la orilla.

Te he escuchado en cada latido del corazón de un árbol.
En el feto que se engendra del amor,
En la lluvia de abril,
En el atardecer de agosto.

Eres la sinfonía nunca antes mejor compuesta.
Vuelas en el pentagrama y entre cada nota
Mi alma es libre contigo.

Por eso ferviente música que se hace a sí misma.
Te transformas en cada melodía
En la musa divina
En la musa del cosmos.

Eres y serás siempre
El alimento melancólico
Para los que vivimos de amor.

LA CARA OCULTA DE UN SUEÑO

¿Qué fue de ese sueño
Que se escapó travieso
Por la ventana
En la madrugada?

Ese sueño de un niño
Que jugueteaba descalzo
En las callejuelas
De su avejentada ciudad.

¿Qué fue de ese sueño
Que desviste al corazón
Y que desnuda al alma
Con cada pálpito?

¿Qué fue de ese sueño
Que hace que solloce mi espíritu,
Se deslice una lágrima por mi mejilla
Y me haga sentir que soy libre de nuevo?

¿Qué fue de ese sueño
Donde me enamoré por primera vez
Y di mi primer beso
Hundiéndome en las arenas movedizas
De su piel?

¿Qué fue de ese sueño
En él que me vi con una maleta de recuerdos,
Memorias de una niñez
Y páginas por escribir?

Fue ese mismo sueño por el cual he suspirado cada día,
El que estaba bajo mi almohada
Con los versos que escribí
Y mandé al cielo pidiéndole
A la estrella más bella del firmamento
Que cumpliera mi deseo.

¡¡¡Fue ese mismo sueño,
El de una mirada
Con la que pude
Cambiar el mundo!!!

ISLA DE MI NOSTALGIA

¿Cuánto ha llovido
Desde que me fui
Por primera vez
Y estaba sentado
Frente a la mata de uva caleta
Tomándome un jugo de guayaba?

¿Cuánto ha llovido
Desde que dejé mi hogar
A los 21 años
Y aún lo sigo extrañando?

Me llevé una maleta de sueños rotos,
El corazón partido en mil pedazos,
Las ilusiones en una mochila,
Y el amor escondiéndose de mí.

¡Me acompañó mi amiga la nostalgia en mi viaje!

Nostalgia de un buen café
A las seis de la mañana
Antes de hacer una prueba decisiva.

Nostalgia de caminar las calles de mi ciudad,
Bailar bajo la lluvia,
Comerme un helado de chocolate,
Ir al cine a ver El Titanic.

Nostalgia de correr descalzo por la tierra mojada,
Jugar básquet con mis amigos,
Montar en bici por mi cuadra,

Cantar una serenata en la madrugada.

Nostalgia de levantarme con el canto de los gallos,
Escuchar ladrar a mi perro,
Ver saltar por toda la casa a mi conejo,
Buscar a mi tortuga hasta por debajo de las piedras.

Nostalgia de los apagones interminables,
Los huracanes anuales,
Las tormentas tropicales,
Y los mosquitos asesinos.

Nostalgia de aquel batido de mango,
Que me hizo mi nana,
En aquel verano,
Que hacía tanto calor.

Nostalgia de escuchar a Luis Miguel
Y sus baladas románticas,
Tocar el piano de mi amiga Jésica,
Disfrutar del violín de mi vecina.

Nostalgia de aquellos vacíos,
Cuando mi padre se iba a trabajar,
Y yo me calmaba,
Con el olor de su cuerpo,
Que dejaban las sábanas blancas.

Nostalgia de aquella fiebre,
Que se estremeció en tus manos,
El perfume de un amor imposible,
La verdad de aquella historia,
Que tanto nos afectó.

Nostalgia de esa noche de luna llena,
Una luna irónica,
Que no veía hace meses,
Y que por primera vez en mucho tiempo,
Escuchó mis deseos.

Nostalgia de esas cartas,
Que te escribí y quemé,
Porque creí,
Que nunca las leerías.

Nostalgia de leer a Buesa,
Todos los días a la siete de la tarde,
Y perderme en sus versos,
Como esa infancia que tanto disfruté.

Hoy vuelo hacia un nuevo horizonte,
Donde los sueños ya no están rotos,
Las ilusiones las he recuperado,
Y el amor volvió a tocar mi puerta.

La amistad fue mi tesoro más sagrado,
Y con mi dosis feliz de ignorancia,
Me desperté de un letargo,
Abrí mis ojos,
Y volví a sonreír,
Volviendo de nuevo a mi niñez,
Sintiendo la misma nostalgia,
De un hogar que nunca se fue de mí.

BEATRIZ

¡Ay mis ojos de café!
Hoy caen sobre estas páginas blancas
Un rayo de luz
Presagiando el comienzo
De un amor verdadero.

¿Cuántas noches no he dormido
En tus labios de miel
Recostado en el vaivén de tus montañas
Que han amparado mis peores pesadillas?

Tus siluetas han sido mi estrella fugaz,
A las que he visto pasar como ráfagas de pasión,
Tu corazón la luz de cada mañana,
Tu pelo la libertad de cada día,
Y tu alma la cura para todas las enfermedades.

Cuando el mundo comenzaba a apagarse
Llegaste con tu sonrisa
Y todo volvió a su sitio
Recordándome la nostalgia
De aquella primavera junto a las olas del mar
Y la melodía de la luna.

Me he perdido incansables madrugadas,
En tu mirada serena y valiente,
Observando el brillo de tus pupilas carmelitas,
Que peleaban por nunca fallecer,
En cada éxito o fracaso,
De la batalla de la vida.

Tiemblan mis piernas al pronunciar tu nombre
Porque de él emana
La respuesta
Hacia lo eterno.

Entonces me pregunto:
¿Existe la poesía?
¿Existe el amor?
¿Cómo son?

Y me doy cuenta
Que lo más parecido
A la poesía
Y al amor
Eres tú.

Porque en ti
Yace el viento
Que limpia el polvo
De la ciudad.

Una ciudad
Acompañada por la penumbra
Y la sombra
De un silencio inquietante.

Entre las cenizas
Que tatuó
El fuego en mi piel
De un amor que nunca fue.

SIETE MARES Y UNA PROMESA

¿Cuántas veces
No he ido a contemplarte
Y escrutando el horizonte
Me he perdido en tu mirada?

¿Cuántas veces tu brisa
Ha acariciado mi cabello,
Jugueteando con mi rostro,
Y calmando mi ansiedad?

¿Cuántas veces he sentido
Tu corazón
En cada latido
De cada ola que brama por ti?

¿Cuántas veces
Te he visto
Caminar descalzo
Por la arena?

¿Cuántas veces
Te he encontrado
En cada crepúsculo
O en cada amanecer?

¿Cuántas veces
Me he dormido
En tu regazo
Escuchándote
Entre cada silencio
Entre cada murmullo al caminar?

¿Cuántas veces
He visto sobrevolarte
Una gaviota
Escudriñando tus realidades,
Tus realidades absurdas?

¿Cuántos secretos has guardado en tus entrañas,
Cuántos náufragos han sucumbido
A tu poder,
Al inmenso poder del oleaje que los desborda?

¿Cuántos barcos
No han resistido
El fuego
De tu alma,
La fuerza de tu espíritu?

¿Cuántos caminantes
Han renunciado a encontrarte
Por no tener la brújula
Que los lleve a su destino?

¿Cuántas veces
Perdido en tu silencio,
Sentado en tus laberintos peligrosos
Me he caído de bruces contra la arena?

Contigo se han fundido,
El abrazo y la alegría,
De ese amor lejano,
Que ha emergido,
De donde nunca debió haber salido.

Un amor,

Que solo tú,
Has podido descubrir,
Porque tienes el poder,
Que los meros mortales,
Soñamos tener.

Y es que eres
Mi principal misterio,
Un enigma bonito,
Que desnuda mi espíritu,
Y enternece mi ser.

Por eso
Que en tus siete mares,
Aquellos indescifrables para el mundo,
He hecho una promesa,
Un pacto de sangre inquebrantable,
Un pacto para toda la vida.

BENDITA PRIMAVERA

La primavera
Es como un rayo de luz
Que ilumina todo
A su paso.

Un titiritero
Que manipula la marioneta,
Pero con los hilos del destino.

El señor
Que dio su primer beso
Bajo la lluvia.

La dama
Que se sonrojó
Saludando a su amado con el pañuelo.

El jinete
Que cabalga a contratiempo
Mirando por encima del hombro
A su rival de duelo.

La música
Que te hace vibrar
Lo más profundo de tu ser.

La película
Que se te clavó en sangre
Porque el final
Fue inesperado.

La desilusión del primer amor
A expensas
De un amor real.

La traición
De tu mejor amigo
Por la mujer que aman.

El puñal sangriento
De aquel asesino
Que no te mató,
Pero te robó tus sueños.

La despedida
Para siempre
De un ser querido
En pleno mes de abril.

Los 60 pliegos
De las 350 páginas
De una carta de amor
Escondidas en los árboles
O en las grietas del suelo.

Los poemas febriles
De Rubén Darío
Que inspiraban
A aquel loco enamorado
A romper las cadenas de la pasión.

Por eso nací en primavera
Una tarde del 19 de mayo.

Morí y renací mil veces,

Nací un millón de veces más.

Sintiendo el aroma de su perfume,
Sintiendo el aroma que destilaba,
La bendita primavera.

NANA RUMBERA

Qué rumba tiene mi nana
Que ensalza mi piel
Y baila mi alma.

Qué rumba tiene mi nana
Que nació despierta
Una madrugada.

Qué rumba tiene mi nana
Que al compás del son
Retumba por las mañanas.

Qué rumba tiene mi nana
Que toma café
Sin escuchar las campanas.

Qué rumba tiene mi nana
Que estudió sin parar
Viajando de Camagüey a La Habana.

Qué rumba tiene mi nana
Que le encanta el chipetrén
Y la cerveza norteamericana.

Qué rumba tiene mi nana
Que trabajó de sol a sol,
Día tras día en la zafra.

Qué rumba tiene mi nana
Que sirvió a Fidel
Cuando ella no era nada.

Qué rumba tiene mi nana
Que escuchaba a Polo Montañez
En plena euforia cubana.

Qué rumba tiene mi nana
Que se secó las lágrimas
Cuando yo nací una tarde soleada.

Qué rumba tiene mi nana
Que siempre me acompañaba
A los lugares insólitos
Que a mi joven edad yo soñaba.

Qué rumba tiene mi nana
Que perdiendo al amor de su vida
Jamás derramó una lágrima.

Qué rumba tiene mi nana
Que me contaba historias
Hasta las tres de la madrugada.

Qué rumba tiene mi nana
Que me bajaba la fiebre
Con un té caliente y agua helada.

Qué rumba tiene mi nana
Que tarareaba a Moré
Una y dos veces por semana.

Qué rumba tiene mi nana
Que la hago presa de estos versos
Para curarme el alma
Y para decirle que la amo
Cuantas veces haga falta.

Un amor tan fuerte como la roca
Y tan inquebrantable como el diamante.

Un amor a prueba de todo,
Del tiempo,
De la distancia,
De la eternidad,
Del destino,
Un amor para toda la vida.

"NOS HIZO FALTA TIEMPO"

Hoy te escribo los versos
Que siempre quise escribirte
Y que nunca me atreví a decirte.

Nos hizo falta tiempo
Para caminar la lluvia,
Decirle adiós al ocaso de un crepúsculo,
Ver como el mar se entregaba con terquedad día y noche
a la orilla.

Nos hizo falta tiempo para caminar la nieve,
Dibujarte la luna,
Y ver como posaba en tu ventana
Todas las noches.

Nos hizo falta tiempo
Para conquistar la arena,
Y fundir nuestras huellas,
En cada paso al caminar.

Nos hizo falta tiempo
Para escuchar la melodía de la vida,
Y bailar al son,
De su amor.

Me faltó regalarte la Osa Menor,
Tatuarme tu nombre en el alma,
Dedicarte tu canción favorita,
Y cumplirte tu mayor sueño.

Me faltó hablar un poquito más contigo,

De dos a tres o de ocho a nueve,
Tomarnos juntos tu Bacardí favorito,
Hundirme en la esencia de tu espíritu.

Me faltó "Señora de Acero"
Decirte el te quiero que tanto callé,
Darte un abrazo,
Un abrazo de los que te quiebran el alma,
Y escribirte los versos que siempre soñé escribir,
Y que tú tanto soñaste leer.

LOS SILENCIOS DE MI ALMA

Cuánto cuesta escribir
Estos últimos versos,
Versos que han naufragado
A la intemperie,
Bajo la tempestad del invierno
Y el calor del verano,
Bajo la brisa de otoño,
Y la primavera de abril,
Bajo la lluvia de mayo,
Y el sol de agosto.

Con ellos he aprendido,
Que el amor es la cúspide del entendimiento,
Que la soledad es un buen lugar para visitar,
Pero no para quedarse a vivir,
Que lo que se apagó de pie,
Se prende de rodillas,
Que el mar ha guardado todos mis secretos,
Que he aprendido a enamorarme un millón
de veces más en primavera,
Que los reencuentros están sobrevalorados,
Que la escritura, al igual que la música,
Se compone,
Sobre todo de oído,
Aunque mires de reojo la partitura,
Que las relaciones a distancia existen,
Colombia es una prueba de ello,
Que la amistad es el tesoro más preciado,
Que puede tener un ser humano,
Que las nanas tienen su rumba,
Que los amores imposibles se te clavan en el alma,

Que cuando el amor es la respuesta,
Jamás importará la pregunta,
Que la vida está llena de malos actores,
Pero tú eres el protagonista de tu destino,
Que gracias a mi heroína de bata blanca volví a nacer,
Que gracias a la literatura volví a escribir,
Y que solo con una gran pasión se logran las grandes co-
sas de este mundo.

Descubrí que lo esencial es invisible a los ojos,
Porque solo con el corazón se puede ver bien,
Que cada silencio de estos versos,
Que han navegado por renglones en blanco,
Y que con su voz le han gritado al destino,
Sin miedo y sin rencor al abismo de la soledad,
Son los que conforman estos silencios,
Los silencios de mi alma.

Índice

Prefacio 13

MI HEROÍNA DE BATA BLANCA 17

AMOR EN LA DISTANCIA............................. 20

MI COLOMBIANA................................... 21

REENCUENTRO 22

LA ESCRITURA: UNA SINFONÍA PERFECTA......24

EN EL RINCÓN DE MI SOLEDAD 26

MUSA DIVINA 28

LA CARA OCULTA DE UN SUEÑO...................... 30

ISLA DE MI NOSTALGIA........................... 32

BEATRIZ 35

SIETE MARES Y UNA PROMESA...................... 37

BENDITA PRIMAVERA............................. 40

NANA RUMBERA 43

"NOS HIZO FALTA TIEMPO" 46

LOS SILENCIOS DE MI ALMA...................... 48

europa
ediciones